Text und Zeichnungen von

Moritz Stetter

Luther

Gütersloher Verlagshaus

1.

1505

Dies ist die Geschichte
eines jungen Studenten,
der sich auf dem Rückweg
von einem Semesterurlaub
bei den Eltern
befindet.

Er hat gerade mit Bravour die Magisterwürde erworben.
Eine glänzende Zukunft als Jurist wartet auf ihn.
Der Vater hat ihm eine ehrbare und reiche Heirat arrangiert.

... und die Gräber öffnen sich ...

...und die vor Gott Gerechten werden in das himmlische Paradies aufsteigen.
Die Verworfenen aber...
...werden in den furchterregenden Schlund der Hölle geworfen.

Nein
Nein
Neeiiiin...

Heilige Anna, hilf!
Lässt du mich leben, will ich ein Mönch werden!

Etwa Hundert Jahre zuvor. Der tschechische Priester

Jan Hus

prangert den weltlichen Besitz der Kirche an und fordert eine Übersetzung der Bibel in die Sprache des Volkes.

Er soll sich vor dem Konstanzer Konzil verantworten. Der König verspricht ihm freies Geleit.

Dennoch wird er kurz nach seiner Ankunft festgenommen und 1415 auf dem Scheiterhaufen verbrannt.

Einer der Gutachter, die Hus auf den Scheiterhaufen brachten, war der Augustiner prediger Johannes Zachariae…
O Gott,
der du die Herzen derjenigen entzündest,
die sich von den Eitelkeiten der Welt abkehren.
… auf dessen Grabplatte liegend Martin Luther knapp hundert Jahre später im Erfurter Augustinerkloster sein Mönchsgelübde ablegt.
Seid Ihr bereit zur Abtötung des eigenen Willens, zu dürftiger Mahlzeit, grober Kleidung, Arbeiten am Tage, Wachen in der Nacht, Züchtigung des Fleisches, Selbsterniedrigung durch Betteln, hartes Fasten und eintöniges Klosterleben?

Ja.
Was sucht Ihr hier?
Den gnädigen Gott und Eure Barmherzig-keit.
Herr, würdige diesen Deinen Knecht, dem wir in Deinem heiligen Namen das geistliche Gewand gegeben haben, Deines Segens.
So dass er das ewige Leben zu er-langen verdient ...
... durch Christum unseren Herrn.
Novize Martinus...

Nicht wer anfängt, sondern wer ausharrt bis zum Ende, der wird selig werden.
Ordensregeln des Augustiner-Ordens:
Um 2 Uhr aufstehen
Horen (stündliche Gebete)
2 Mahlzeiten pro Tag
Jeden Freitag fasten
Beichte mindestens 1X wöchentlich
Leichte Schuld:
Lachen oder Andere zum Lachen bringen.
Schwere Schuld:
Das Reden mit einer Frau.

Das ist unser Generalvikar, Johannes von Staupitz.
Du musst Bruder Martinus sein.
Wie man hört, studierst du mit großem Fleiß die heilige Schrift.
Soweit mir Zeit bleibt, neben meinen anderen Verpflichtungen...
Nun, ich werde mich mit deinem Prior über die Schwerpunkte deines Aufgabenbereichs unterhalten.
Die eines Hausknechts scheinen mir nicht angebracht.

1506 legt Luther sein Mönchsgelübde ab: die ein Leben lang bindende Verpflichtung zu Armut und Keuschheit.

1507 wird er zum Priester geweiht und hält seine erste Messe.

1508 holt Staupitz, Dekan der theologischen Fakultät Wittenberg, ihn als Dozent für Moralphilosophie für ein Jahr an seine Universität.

... denn warum schenkt der Papst nicht den Ablass, statt ihn bezahlen zu lassen?
Und wenn er Gewalt hat über die Seelen im Fegefeuer, weshalb räumt er nicht mit einem Schlag das ganze Fegefeuer aus?

Hallo?

Ist da wer?

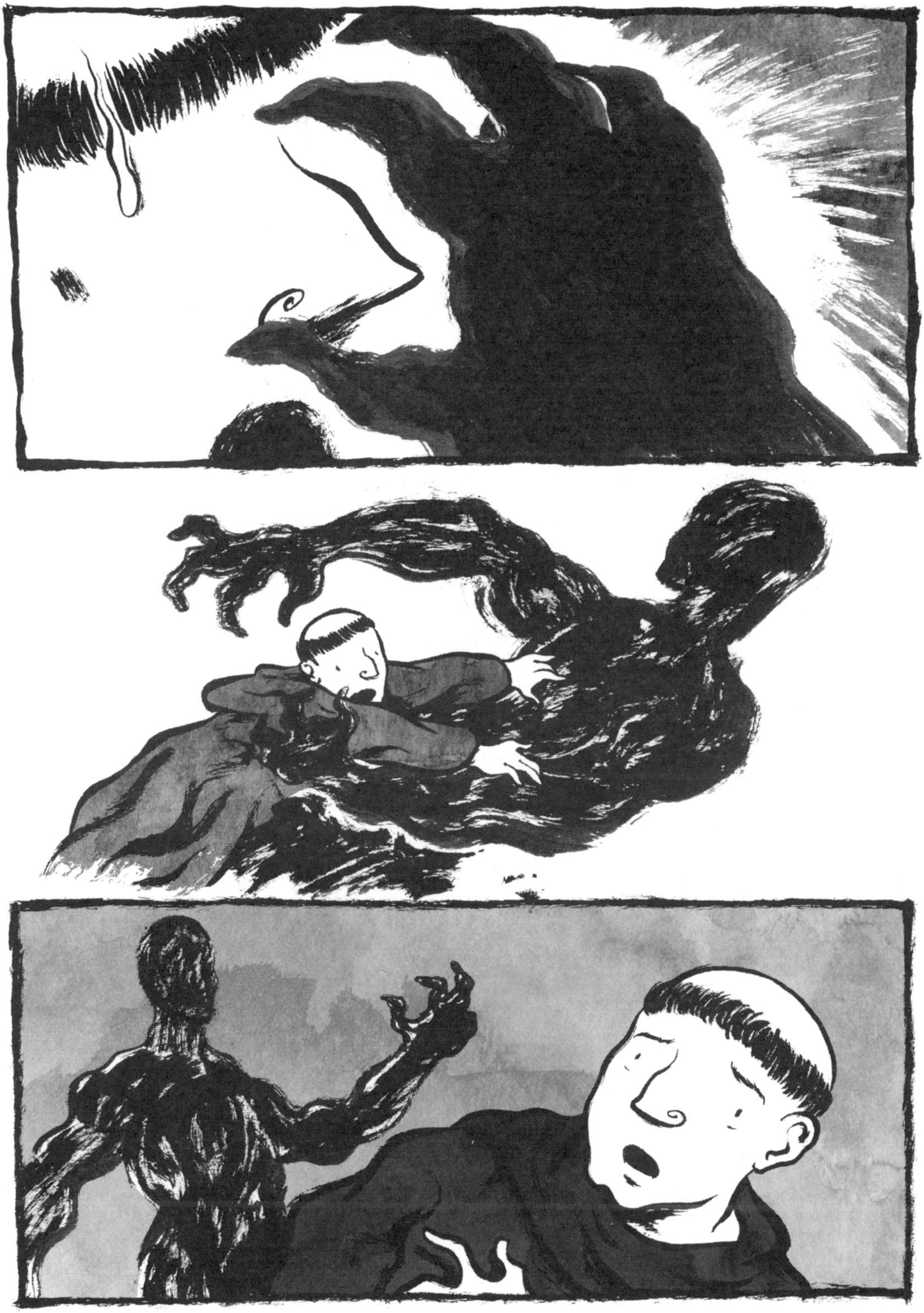

Bruder Martinus!
Bringt Wasser!
Er hat wieder tagelang gefastet, gebetet und auf dem kalten Stein geschlafen.
Du bist ein Narr, Martinus!
Gott zürnt dir nicht – im Gegenteil!

„Du zürnst ihm."
Wie kann ich dir dienen, wenn du so um dich schlägst?
Sind meine Sünden zu groß als dass du mir je vergeben kannst?
Bin ich zum Paradies erwählt?
Stehe ich geschrieben im Buch der Lebenden?

Stundenlang beichtet Luther.

Ehrwürdiger Vater, ich habe gesündigt.
Schon wieder?
Nein, nein, das sind ja alles Humpelwerk und Puppensünden!
Komm wieder, wenn du ein paar rechtschaffene Sünden vorzuweisen hast.

Ich möchte mit euch über Bruder Martinus sprechen...
Ein begabter junger Mann. Wartet nur...
Bald hat er keine Zeit mehr für seine selbstzerfleischenden Gedanken.
Ich ringe mit Dämonen
und als wäre das nicht genug
ringe ich mit einem strafenden Gott
der mir so fremd ist.
Zeig dich mir endlich!

„Ah, hier steckst du."
Und fleißig, wie ich sehe.
Martinus, ich möchte, dass du Doktor der Theologie wirst.
Ich möchte dich als meinen Nachfolger aufbauen.

Aber... meine Arbeit füllt mich bereits zur Genüge aus.
Das werde ich nicht lange überleben!
Unser Herrgott hat Großes vor.
Auch droben braucht er gute und weise Leute.
Wenn du nun stirbst, so musst du dort sein Ratgeber sein.
1510 reist Luther im Auftrag seines Klosters nach Rom.

sei gegrüßt,
du heiliges
Rom!
Papst
Julius
II.
„Der
Blut-
säufer"

Luther feiert in Rom die Messe, besucht die berühmten Reliquien.
Wie ein tollgewordener Heiliger.

Er ertappt sich dabei, wie er bedauert, dass seine Eltern noch leben.
Ich hätte sie gern aus dem Fegefeuer erlöst.

Er verlässt Rom mit leichtem Befremden.
Ich verstehe die Italiener nicht und sie verstehen mich nicht.

Wittenberg gehört zum Herrschaftsgebiet des Sächsischen Kurfürsten Friedrich der Weise, dessen ganzer Stolz seine 1502 gegründete Universität und seine eifrig erweiterte Reliquiensammlung sind.

Wenn man die Sammlung andächtig betrachtet, kann man 1443 Jahre Ablass vom Fegefeuer erlangen.

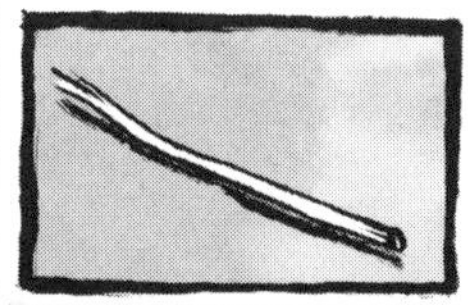

Ein Halm vom Stroh der Krippe Christi

Ein Haar der Muttergottes

Ein Tropfen ihrer Milch

Das Skelett eines der von Herodes ermordeten Kinder

...Und obwohl der Mensch seinen Kot heimlich ablegt, so lässt es der Verleumder nicht heimlich sein.
Er hat Lust, sich darinnen zu wälzen, ist auch nichts Besseres wert nach Gottes gerechtem Gericht.
Wenn der Verleumder sagt:
Sehet, wie hat sich der beschissen!
ist die beste Antwort:
das frissest du!
Der Teufel freut sich über jeden selbstzufriedenen eitlen Gecken.

Hast du als Kind auf dem Arm deiner Mutter ihr nie etwas auf den Busen gemacht, was schlecht roch?
Duftest du so von Wohlgerüchen, dass der Apotheker aus dir einmal einen köstlichen Balsam machen wird?
Hofkaplan Spalatin...
Mein lieber Luther, ihr führt scharfe Reden.
Aber eure Vorlesungen sind sehr gut besucht, und der Kurfürst ist höchst erfreut über das hohe Ansehen, das ihr seiner Universität beschert.
Ihr habt gewiss von der Reuchlin-Sache gehört.

Der Jurist und Sprachforscher
Johannes Reuchlin
wendet sich gegen die vom Dominikanerorden geforderte Vernichtung aller jüdischen Schriften, einschließlich der Tora und Kabbala. Er wird als Ketzer angeklagt.
Der Kurfürst hätte hierzu gerne ein Gutachten von euch.
Nun, der hebräische Urtext ist mir unentbehrlich bei der Bibellektüre.
Die Bibel sagt außerdem klar, dass die Bekehrung der Juden allein Gott vorbehalten bleibt.
Den Menschen steht dies nicht zu.

Du bist schwach
Kleines Mönchlein
es gibt keine Erlösung
Wehr dich nicht
Haltet's Maul!
Diese Stelle im Römerbrief lässt mich nicht los.
„So halten wir nun dafür, dass der Mensch gerecht wird ohne des Gesetzes Werke, allein durch den Glauben."
Erlö...
Allein durch den Glauben ...
Allein durch den Glauben ...

Allein durch den Glauben
Gerechtigkeit als Gnade, nicht als Strafe.
ha haa ha
Hinaus!
Hinaus mit euch, Geschmeiß!

Es ist eine Gerechtigkeit gemeint, durch die uns Gott aus Mitgefühl gerecht macht durch den Glauben.
Mir ist eine Tür aufgegangen.
Ich habe das Paradies betreten.

2.

1517
Dies ist die Geschichte eines Kleinen Mönchs, der, ohne es zu Wollen, die Welt aus den Angeln hebt.

Tretet nur näher!
Hier werden euch all eure Sünden vergeben.

Ihr müsst nicht Buße tun, noch nicht einmal Reue empfinden!
Keine Sünde ist zu groß, als dass sie nicht durch klingende Münze getilgt werden könnte.

Sieh deine Mutter an! Wie sie von den Flammen des Fegefeuers gequält wird!
Und das leidet sie deinetwegen! Du könntest ihr ja mit einem Groschen zur Hilfe kommen!
Ach, wehe über euch!
Um eurer Undankbarkeit willen, dass ihr Gottes bluttriefende Gnade so verachtet, die doch so billig zu haben ist!
Ich garantiere: Keine Sünde ist zu groß!
Selbst wenn ihr die heilige Jungfrau geschwängert hättet!
Hö Hö!
Ich gebe Brief und Siegel:
Auch für Sünden, die ihr in Zukunft begehen werdet, könnt ihr bereits Vergebung erlangen!

Denn sobald das Geld im Kasten klingt...
... die Seele aus dem Fegefeuer springt.
"... tun wir Kraft der uns verliehenen Gewalt durch diesen Brief kund, dass M. Menner von dem von ihm verübten Totschlag freigesprochen ist..."
Bereust du denn aufrichtig, was du getan hast?
Aber ich habe doch bezahlt...
Schaut, Pater, hier steht...
Dann kann ich dich von deiner Sünde nicht freisprechen.
Nimm deinen Wisch wieder mit!
Aber Pater...

Die Ablasskrämer treiben's gar zu bunt. Es wird Zeit, dass der Papst davon Kenntnis erlangt.

Eine Abschrift seiner 95 Thesen gegen den Ablass sendet Luther auch an den Erzbischof

Albrecht von Mainz

1515 hatte dieser Erzbischof (außerdem Kardinal und Erzkanzler) beschlossen, mehrere Bischofsstellen auf sich zu vereinen.

Eine solche Ämterhäufung war eigentlich illegal, doch gegen die stolze Summe von 23379 Dukaten war Papst Leo X. bereit, eine Ausnahme zu machen.
Dieses Geld lieh der Erzbischof sich von dem Kaufmann Jakob Fugger, einem der reichsten Männer seiner Zeit, auch genannt „Der Fürstenmacher."
Als Rückversicherung für Fugger schrieb der Papst einen Ablass aus. Die eine Hälfte des Erlöses teilten sich Albrecht und Fugger, die verbleibende Hälfte steckte der Papst in den Bau der prunkvollen Peterskirche.

1450 erfand Johannes Gutenberg durch ein neues Verfahren den Buchdruck.
Es war nun möglich, schnell und kostengünstig Schriftwerke in großer Auflage zu drucken.
1517 verbreiten sich Luthers Thesen innerhalb von 14 Tagen im ganzen Land.

Sie werden ins Deutsche übersetzt, und wer nicht lesen kann, dem werden sie vorgelesen.
Die Fakultät steht hinter Euch, Martin.
Der Ketzer soll mir in drei Wochen ins Feuer geworfen sein!

Nach 4 Wochen kennt sie fast die gesamte Christenheit.
Ich hörte, der Teufel habe Luthers Mutter heimlich in der Maske eines vornehmen Herren besucht, und mit ihr diesen Sohn gezeugt.
Der Ablass-Prediger Johann Tetzel veröffentlicht Gegenthesen.
Luthers Anhänger stürmen die Bücherwagen.
Das Lied droht meiner Stimme zu hoch zu werden.

Vatikan, Rom
Pff...
Mönchsgezänk.
Wir haben uns noch immer darauf verstanden, unliebsame Dissidenten, die sich in unsere Geschäfte einmischen, zu Ketzern zu machen.
Prierias, Ihr verfasst eine angemessene Antwort für dieses Bettelmönchlein, auf dass ich mit dieser Angelegenheit nicht mehr belästigt werde.
Sehr wohl, Eure Heiligkeit.
Kaiser Maximilian hat die sofortige Verhaftung und Überführung nach Rom gefordert...

Der deutsche Kaiser ist alt und schwach. Größeres Kopfzerbrechen bereitet mir, was nach seinem baldigen Ableben geschieht.

Um zu verhindern, dass nach dem Tod von Kaiser Maximilian I., dessen Enkel Karl (König von Spanien) den deutschen Thron besteigt, ist Papst Leo X. auf die Unterstützung von Luthers Kurfürsten angewiesen,
der seinen Schützling Luther nicht ausliefern möchte.

Martin…
Spalatin, hört Euch das an…
Die Antwort vom Vatikan.
„Der Papst ist unfehlbar, wenn er eine Entscheidung fällt. Wer im Blick auf die Ablässe sagt, die römische Kirche dürfe nicht das tun, was sie tatsächlich tut, der ist ein Ketzer."
Oh, diese Kleingeister…
Martin…
Das Verfahren gegen Euch ist eröffnet.
Der Kurfürst konnte durchsetzen, dass Ihr auf deutschem Boden verhört werdet.
Ihr reist sofort nach Augsburg. Dort wird Euch der päpstliche Gesandte Cajetan verhören.
Seht Euch vor, Martin!

Augsburg, Palast der Familie Fugger
Ich höre, dass du gelehrt und sach-kundig bist.
Erhebe dich.
Mein lieber Sohn...
Ich möchte diese Sache freundlich und väterlich verhandeln.
Aber du wirst deine Irrlehren widerrufen müssen.
Wenn ich aus der Heiligen Schrift widerlegt werde ...
Der Papst legt die Heilige Schrift aus.
Er steht über dem Konzil, über der Schrift und über der ganzen Kirche.

Weißt du, worauf du dich da einlässt?
Du willst dich mit dem Papst anlegen?
Glaubst du etwa, dein Kurfürst werde um deinetwillen zu den Waffen greifen?
Kaum...
Einem Exkommunizierten wird niemand Unterschlupf gewähren.
Wo willst du dann hingehen?
Irgendwohin unter dem Himmel.
Revoce!
Widerrufe!
Ich... werde nun gehen.

Ich will nicht länger mit diesem Biest reden!
Er hat unergründliche Augen und wundersame Spekulationen in seinem Kopf!
Martin...
Martin, wach auf!
Ehrwürdiger Vater?
Du musst sofort aus Augsburg verschwinden!
Cajetan will dich aus dem Weg schaffen.
Vor den Toren wartet ein Pferd auf dich.
Knie nieder!

Ich entbinde dich vom Gehorsam gegen mich und empfehle dich Gott dem Herrn ...
Du bist nun kein Mönch mehr, frei von deinen Gelübden.
Aber... Vater...
Ich bleibe dein geistiger Vater.
Aber du hast einen Weg eingeschlagen, den ich nicht mit dir gehen kann.

Zurück in Wittenberg publiziert Luther weiter.
1520 erscheinen in kurzen Abständen seine wichtigsten Schriften.
Denn alle Christen sind in Wahrheit geistlichen Standes und ist unter ihnen kein Unterschied des Amtes wegen.
Nun hilf uns Gott und geb uns der Posaunen eine, damit wir diese strohernen und papierenen Mauern umblasen.
Ich vertrat lange genug die Ansicht, der Papst wisse nichts von all den schändlichen Vorgängen.

Die gesamte Macht der Kirche soll auf ein gefälschtes Schriftstück aus dem 8. Jahrhundert zurückgehen, auf dessen Grundlage Papst **Stephan II.** dem Frankenkönig (und Analphabeten) **Pippin** vorgegaukelt haben soll, Kaiser Konstantin habe dem Papst die Herrschaft über alle Länder und Kirchen des Abendlandes übertragen.

Man sagt: „Wo Gott eine Kirche baut, da baut der Teufel eine Kapelle daneben."
Wenn dieses Sprichwort auf Rom nur zutreffen würde!
Es verhält sich ganz anders.
Ist eine Hölle, so ist Rom darauf gebaut!
Eure Heiligkeit, Nachricht aus Frankfurt!

Karl wird im Herbst offiziell zum deutschen Kaiser gekrönt.
Das ver-danken wir den Fuggern.

Ich möchte eure Heiligkeit erinnern, dass nun kein Grund mehr besteht, nachsichtig mit diesem Ketzer-mönch umzugehen.
Es wird allerhöchste Zeit, ihm mit dem Bann zu drohen.

Der Kirchenbann war einst als letzte und schwerste Strafe gedacht, die nur gegen hohe geistliche und fürstliche Herren verhängt wurde.
Irgendwann begannen Bischöfe aber auch Untertanen zu bannen, wenn diese beispielweise ihre Abgaben nicht zahlen konnten.
Auch ganze Städte gerieten unter den Bann.
Durch den Bann war man von Beichte und letzter Ölung ausgeschlossen (was ewige Verdammnis bedeutete),
durfte nicht heiraten und nicht in geweihter Erde bestattet werden.
Jeglicher Umgang mit Gebannten war untersagt.

Wer meint, den reinen Glauben durch ein Verdienstliches Werk noch überhöhen zu können
gleicht darin dem Hund, der ein Stück Fleisch im Mund trägt
und nach dem Schemen im Wasser schnappt
damit Fleisch und Schemen verliert.

Eure Volkstümliche Sprache beschert euch großen Zulauf...
Auf der Kanzel soll man die Zitzen heraus-ziehen und das Volk mit Milch tränken.
Neulich habe ich zum Volk eine Predigt über den Kirchen-bann gehalten.
Da habe ich die Tyrannei und Un-wissenheit all des schmutzigen Packs von Funktionären, Komissaren und Vikaren abgekanzelt.
Alle Welt wundert sich, sie haben nie so etwas gehört ...
Auf Befehl von Papst Leo X. sollen die Schriften dieses Ketzers brennen!
...und alle warten nun, was für Übel mir daraus erwachsen mögen.

Saubande!
Martin Luther spricht die Wahrheit!
Ich habe ein neues Feuer angezündet...
...aber so geschieht es mit dem Wort der Wahrheit.
Luther wird eine Bannandrohungsbulle ausgehändigt, innerhalb von 60 Tagen soll er widerrufen.

Vlrich von Hutten
Es heißt, du seist in den Bann getan.
Wie groß, o Luther, bist du, wenn das wahr ist! An mir hast du einen Anhänger für jeden möglichen Fall.
Darum wage es, mir deine Pläne anzuvertrauen!
Verfechten wir die gemeinsame Freiheit.
Befreien wir das unterdrückte Vaterland!

Ich möchte nicht,
dass mit Gewalt und
Blutvergießen für das Evangelium
gestritten wird.
Durch's Wort ist
die Welt besiegt worden,
durch's Wort
wird sie auch
wiederhergestellt
werden.

10. Dezember 1520. Vor den Toren Wittenbergs.
Weiß jemand, warum wir uns hier versammeln?
Weil der Luther dazu aufgerufen hat.
Ja, aber aus welchem Anlass?
Die Widerrufsfrist gegen die Bannandrohungsbulle ist abgelaufen.
Da ist er.
Was trägt er da?
Sieht aus wie…
Sammlungen des römischen Kirchenrechts.

Damit die mordbrennerischen Papisten sehen, dass nicht große Macht dazu gehört, Bücher zu verbrennen, welche sie nicht widerlegen können.
Wessen erfrecht sich dieser räudige Mönch!

EXSURGE
DOMINE

Als im Jahre 410 der westgotische König Alarich das „ewige" Rom erobert, sind die Menschen zutiefst verunsichert.

Wie konnte Gott zulassen, dass das Römische Imperium fiel, das er doch durch Kaiser Konstantin der Kirche zugeführt hatte?

Der Kirchenvater Augustin antwortete darauf:
In den tausend Jahren bis zur Rückkehr Christi werden viele Weltreiche kommen und gehen.
Der Gottesstaat ist kein Machtfaktor auf Erden.

Nur in einem ist sich Augustin nicht sicher:

3.

1521
Dies ist die Geschichte eines berühmten Mannes, der das Ende eines Zeitalters einläutet.

Morgen erreichen wir Worms ...

Der Kaiser hat euch in seiner Vorladung freies Geleit zugesichert...
Aber denkt nur daran, wie es Jan Hus erging!
Man wird euch töten, Bruder Martin!

Ich fürchte nicht den Tod.
Der Antichrist sitzt auf dem Thron unserer Kirche.
Das Ende aller Zeiten steht bevor.
Wir gehen nach Worms.
Auch wenn alle Pforten der Hölle das zu verhindern suchen.

Worms, 17. April 1521.
Unterkunft des päpstlichen Gesandten
Aleander
Schon hatte ich meinen letzten Brief geschlossen
Als ich soeben aus verschiedenen Meldungen sowie aus dem hastigen Rennen des Volkes entnahm
dass der große Ketzermeister Einzug hielt

Mit drei Genossen im Wagen sitzend, zog er in die Stadt ein.

umgeben von etwa acht Berittenen.
Beim Verlassen des Wagens schloss ihn ein Priester in die Arme, rührte dreimal sein Gewand an und rühmte sich im Weggehen,
als hätte er eine Reliquie des größten Heiligen in den Händen gehabt.
Ich vermute, es wird bald von ihm heißen, er tue Wunder.

Dieser Luther, als er vom Wagen stieg, blickte mit seinen dämonischen Augen im Kreis umher und sagte:
Gott wird mit mir sein

Kaiser
Karl V.

Martinus, bekennst du dich zu diesen Büchern als den deinen?
Diese Bücher muss ich als die meinen bezeichnen und ich werde niemals eins verleugnen.
Möchtest du etwas aus deinen Schriften widerrufen?
Ich...
erbitte mir Bedenkzeit.

Wir räumen dir einen Tag Bedenkzeit ein, Martinus.
Dann musst du Rede und Antwort stehen.
Wieder keine Auseinandersetzung, keine Disputation.
Man will nur, dass ich widerrufe.

Am nächsten Tag
Ich bekenne mich zu meinen Büchern und Veröffentlichungen. Sie sind verschiedener Art.
Erstens Lehrschriften über den christlichen Glauben, zweitens Veröffentlichungen gegen kirchliche Missbräuche, drittens Kampfschriften gegen einzelne Personen.
Weder die einen noch die anderen kann ich widerrufen. Denn ich mache weder einen Heiligen aus mir noch disputiere ich über mein Leben, sondern ich disputiere über die Lehre Christi.

Ich bin wohl bereit, wenn ich gründlich belehrt bin, jeden Irrtum zu widerrufen, und ich werde der Erste sein, der meine Bücher ins Feuer wirft.
Martinus, du erhoffst dir vergeblich eine Disputation über Dinge, die du ausdrücklich zu glauben verpflichtet bist.
Gib endlich eine schlichte, runde und gerade Antwort darauf, ob du widerrufen willst oder nicht!

Mein Gewissen ist in Gottes Wort gefangen.
Somit will und kann ich nicht widerrufen.
Gott helfe mir.
Amen.

Al Fuego! Al Fuego!
Schnell, raus hier, Martin.
Ins Feuer mit ihm!

Ich bin hindurch!
Ich bin hindurch!
Wir gebieten euch allen, dass ihr den vorgenannten Martin Luther nicht in euer Haus aufnehmt.
Ihn nicht bei Hof empfangt, ihm kein Essen noch Trinken gebt, ihn nicht versteckt, noch ihm mit Worten oder Werken Hilfe, Gefolgschaft oder Beistand gewährt.

Wo ihr aber an ihn kommen, ihn ergreifen und seiner habhaft werden könnt,
sollt ihr ihn gefangen nehmen
und uns wohl verwahrt zusenden, wobei ihr für ein so heiliges Werk,
eure Mühen und Kosten angemessen belohnt werden sollt.

Albrecht Dürer

Vorsicht, Stufen...

Willkommen auf der Wartburg, Martin.
Ihr seid hier in Sicherheit.
Euer Name ist fortan Junker Jörg.
Raf Rafraf raf raf
Rafraf Rafraf

Die Hunde haben die Witterung verloren.
Dabei hatten sie gerade noch eine so heiße Fährte.
Nun, wir sollten vielleicht zum Schloss zurü...
Rafrafraf
Raf
Raf Raf raf raf raf raf Raf Raf
raf Raf raf

Woran arbeitest du, Martin?
Als ob du das nicht wüsstest.
Du hast keine ruhige Minute mehr, seit du davon gehört hast, stimmts?
Ich, Martin Luther, übersetze das Neue Testament ins Deutsche!
In ein allgemein verständliches Deutsch, damit ein jeder selbst nachlesen kann, wie sehr du uns jahrhundertelang betrogen hast.

Du öffnest den Menschen die Augen…
…Und dann?
Lass mich arbeiten.
Wir sind uns gar nicht so unähnlich wie du denkst.
Wir haben nichts gemein.
Verschwinde!
Auch ich habe mich einst gegen die Obrigkeit aufgelehnt…
…und damit großes Unheil über die Menschen gebracht.
Aber so ist das mit uns Jungen Ungestümen, nicht wahr?

Wir rasen, wir wüten, wir geben uns nicht zufrieden ...
... ohne über die Konsequenzen nachzudenken.
Weiche, Satan!
Du verdrehst alles!

Man darf nicht die Buchstaben in der lateinischen Sprache fragen, wie man deutsch reden soll – so machens die papistischen Esel
– sondern man muss die Mutter im Hause, die Kinder auf der Gasse, den gemeinen Mann auf dem Markte darüber befragen
und ihnen auf das Maul sehen, wie sie reden und danach dolmetschen. Dann verstehen sie es und merken,
dass man deutsch mit ihnen redet.

In Wittenberg halten die Zwickauer Propheten und andere „Schwärmer" Einzug.
Ich prophezeie die nahe Weltrevolution, bei der kein Unfrommer, Pfaffe oder Geistloser überleben wird.
Dann wird ein einziger Glaube, eine Taufe, ein gemeinsamer Besitz alle Menschen vereinen.

Thomas Müntzer will keinen stummen, sondern einen redenden Gott anbeten.
Das tote Wort der Bibel wird erst durch den in dich fahrenden Geist Gottes lebendig.

Lasst die Laien auf die Kanzel, denn sie predigen verständlicher als die Pfaffen, diese Mistfinken und Küchenprediger.
Löst alle Klöster auf! Ein Jeder ernähre sich von seiner Hände Arbeit!

Die Nonne Katharina von Bora wird 1523 mit acht ihrer Ordensschwestern aus dem Kloster flüchten.

In Heringsfässern versteckt werden sie nach Wittenberg gelangen.

Ich, Karlstadt, kündige mein Gelübde auf.
Ich verlobe mich.
Der Papst sagt: „Bilder sind die Bücher der Laien"!
Aber es gibt keine Laien mehr, wir sind alle von Gott gelehrt.

Drum schlagt zu Klump all die Heiligenbilder und Götzen und das Blendwerk!

Luther ist wieder da...
Er liest die Messe.
Macht mir kein Muss-Sein aus dem Frei-Sein.
Setzt an die Stelle der alten Zwänge keine neuen.
Nicht die Bilder sind das Problem, der Betrachter ist es.
Seht die Bilder als Prüfung eures Glaubens.

4.

Dies ist die Geschichte eines älter werdenden Reformators

Wie immer ist es ein Tropfen, der das Fass zum Über-laufen bringt.
Als die Gräfin von Lupfen von ihren Bauern mitten in der Erntezeit verlangt, ihre Arbeit niederzulegen, um Schneckenhäuser für sie zu sammeln,
um Garn zu winden
weigern sie sich und erheben sich gegen ihre Herren.

Das gefällt mir gar nicht.
Vor zwei Wochen waren es noch ein paar Dutzend, die sich verschwörerisch in Wirtshäusern trafen...
...Jetzt sind es Hunderte und Tausende!
Man sagt, sie rotten sich im ganzen Land zusammen.

In 12 Artikeln fassen die Bauern ihre Forderungen zusammen.
Sie berufen sich auf Luther und das Evangelium.
Sie fordern Abschaffung der Leibeigenschaft, der horrenden Abgaben, freie Wahl des Gemeindepfarrers,
das Recht zu jagen, zu fischen, Bau- und Brennholz aus dem Wald zu holen.

Aus den Begehren der Bauernschaft ersieht man, was die lutherische Lehre bewirkt.
Dieser Teufel ist nicht zu bannen ohne den Henker.
Wir werden den Bauern nicht nachgeben.
Wir würden dadurch unsere Reputation verlieren wie alte Huren.

Der Bauern brüderliche Liebe ist mir ganz zuwider.
Ich habe mit meinen leiblichen Geschwistern nicht gerne geteilt, geschweige dass ich das mit Fremden und Bauern täte!
Erhebt euch gegen eure Herren und Fürsten, die sich alle Kreaturen zum Eigentum nehmen!

Die Fisch im Wasser...
Die Vögel in der Luft...
Das Gewächs auf Erden muss alles ihr sein.

Und der arme Ackermann, der sich vergreift am Allergeringsten, muss hängen!
Die Pfaffen mit ihren dicken, feisten Pausbacken, die ihr Leben mit tierischem Fressen und Saufen zubringen, sagen dazu Ja und Amen.

Genau wie Doktor Lügner Luther, der Madensack, der Leisetreter!
Christus spricht: „Ich bin nicht gekommen, Frieden zu bringen, sondern das Schwert."
„Nehmt meine Feinde und erwürgt sie vor meinen Augen."
Man muss das Unkraut ausraufen aus dem Weinberg Gottes in der Zeit der Ernte!

Müntzer, dieser Teufel, hetzt die Bauern auf.
Habt nicht auch Ihr gesagt: „Ein Christenmensch ist ein freier Herr über alle Dinge und niemandem untertan?"
Wie die meisten habt Ihr den zweiten Satz wohl überlesen, lieber Melanchthon, der da lautet:
„Ein Christenmensch ist ein dienstbarer Knecht aller Dinge und jedermann untertan."
Im Reich Christi regiert das Wort.
Im Reich der Welt hingegen regiert das Schwert.

Ein Bauernhaufen nimmt die Marktstadt Weinsberg ein.

Die adligen Herren werden durch die Spieße geschickt.

Ihr habt meinem Vater die Hände abhacken lassen, weil er einen Hasen auf seinem eigenen Feld erlegt hat!
Ihr habt meinen Bruder in den Kerker werfen lassen, weil er seinen Hut nicht abnahm, als ihr vorübergingt!
Ihr habt uns nach Vaters Tod das beste Vieh vom Hof genommen und uns in Armut und Hunger getrieben!

Luther schreibt an
die Fürsten:
Jetzt sind diese
mörderischen und räuberischen
Rotten der Bauern
ganz rechtlos.

Man soll
sie
zer-
schmeißen

würgen, stechen, heimlich und öffentlich,
wer da kann, wie man einen tollen
Hund erschlagen muss.

Trotz ihrer zahlenmäßigen Überlegenheit werden die Bauern nach und nach aufgerieben und regelrecht hingemetzelt.

Es fehlt ihnen an Kampferfahrung und Disziplin.

Mindestens 75 000 Bauern lassen ihr Leben.

Die Anführer werden grausam gefoltert und enthauptet, ihre Köpfe zur Abschreckung am Stadteingang aufgespießt.

Prediger sind die allergrößten Totschläger.
Ich, Martin Luther, habe im Aufruhr alle Bauern erschlagen.

All ihr Blut ist auf meinem Hals.
Aber ich schiebe es auf unseren Herrgott, der hat mir befohlen, solches zu reden.

Habt ihr gehört?
Der Luther heiratet!
Eine entlaufene Nonne soll es sein.
Man sagt, er habe sie bereits geschwängert.
Und das Kind soll zwei Köpfe haben, und Hufe statt Füßen.
Hab's ja gewusst: die ganze Reformation war nur wegen der Weiber!

Für die entlaufenen Nonnen findet Luther nach und nach einen Ehemann ... bis auf die 26-Jährige
Katharina von Bora
Zunächst verliebt sie sich in einen Studenten, dessen Familie die Heirat mit einer Nonne ablehnt.
Dann versucht Luther, sie mit einem Pastor zu verheiraten.
Der aber gilt als mürrisch und geizig.
Euch hingegen würd ich nehmen.

Für meine Hochzeit besorgt ein Fass des besten torgauischen Biers.
Es muss ausruhig und kühle werden, dass es wohl schmecke, und setze die Straf darauf, wo es nicht gut ist, dass ihr's allein sollt aussaufen!

Im ersten Jahr des Ehestandes hat einer seltsame Gedanken.
Wenn er bei Tisch sitzt, denkt er: Sieh, vorher warst du allein, jetzt beieinander.
Im Bett, wenn er erwacht, sieht er ein Paar Zöpfe,
die er früher nicht sah.

…„Wes das Herz voll ist, des geht der Mund über.“ –Das heißt gut deutsch geredet!
Doktor Luther, erzählt uns von eurer Zeit als Mönch!
Ja, ein eifrig Mönchlein war ich.
Wenn einer damals gelehrt hätte, was ich jetzt durch Gottes Gnade glaube und lehre, ich würde ihn mit den Zähnen zerrissen haben.

Je länger wir uns waschen, desto unreiner wir werden.
Ha ha
Dass ihr mir das ja aufschreibt!

Mein Töchterchen Elisabeth ist mir gestorben, es ist seltsam, ein wie bekümmertes, fast weibisches Herz sie mir zurückgelassen hat. Nie zuvor hätte ich geglaubt, dass ein väterliches Herz so weich sein könne.

Auch jetzt, da ich ihnen das Evangelium in die Hand gegeben habe, wollen sich die Menschen so gar nicht ändern.
Das Zuchtlose Verhalten der Studenten
Die schamlose Kleidung der jungen Frauen.

Überall Schwärmer,
Wiedertäufer, Juden und andere Teufel, die
unsere neue Kirche in Gefahr bringen.
Und diese Kirche und die ganze Reformation
in den Händen der Fürsten.
Da wird noch viel Blut fließen.

Möge doch das Weltende nah sein.

Den Juden, die Christus unseren Herrn lästern, stecke man Ihre Synagogen und Schulen an, und was nicht brennen will, überhäufe man mit Erde, dass kein Mensch einen Stein davon sehe ewiglich.

Man zerstöre ihre Häuser. Dafür mag man sie etwa unter ein Dach oder einen Stall tun wie die Zigeuner.

Man nehme ihnen alle ihre Gebetsbüchlein.

Man verbiete ihren Rabbinern bei Todesstrafe weiter zu lehren.

Man verbiete ihnen, sich frei auf den Straßen zu bewegen. Man nehme ihnen alle Barschaft und Kleinod an Silber und Gold.

Man gebe den jungen, starken Juden in die Hand Flegel, Axt, Spaten und lasse sie ihr Brot verdienen im Schweiß der Nasen.

Der Luther ist tot!
Glaubensstark bis zum letzten Atemzug soll er gewesen sein.
Ich hörte, er sei auf dem Sterbebett von der Verzweiflung übermannt worden, sein Leben an eine Irrlehre verloren zu haben und habe sich am Pfosten seines Bettes erhängt.

Am 18. Februar
1546 stirbt
Martin Luther.
Bei ihm findet
man einen Zettel,
mit den
folgenden
Worten:

Den Vergil kann keiner verstehen, der nicht fünf Jahre Hirt oder Bauer gewesen ist.

Den Cicero in seinen Briefen versteht keiner, der nicht zwanzig Jahre in einem großen Staatswesen tätig gewesen ist.

Die heilige Schrift
glaube keiner genügend
verschmeckt zu haben,
der nicht hundert
Jahre lang mit den
Propheten die
Gemeinden
geleitet hat.

Wir sind
Bettler.
Das ist
wahr.
-m. stetter

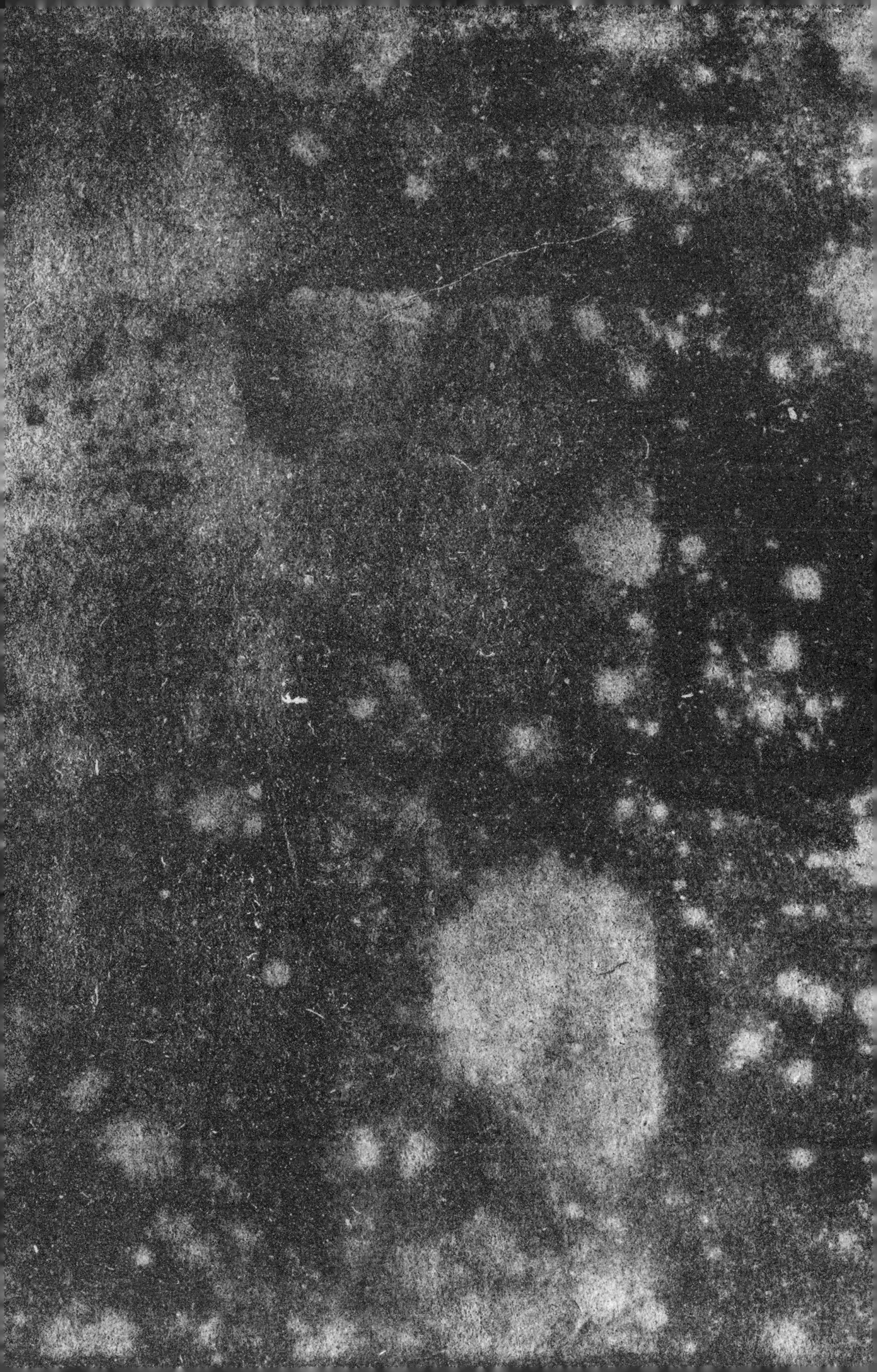

„Luther lebt zeitlos und völlig geschichtslos im Kloster. Auch das ist von entscheidender Bedeutung für seine spätere Laufbahn. Er weiß schlechthin nichts von seinem Lande, weder von dessen Geographie noch Verfassung oder Geschichte; er hat das oft bedauert und gemahnt, man solle die Jugend doch in der Historie unterrichten. Seine Ahnungslosigkeit, als er dann in die Welt geworfen wurde und selber Geschichte machte, hat furchtbare Folgen gehabt. Er ist dafür nicht verantwortlich zu machen."

—Richard Friedenthal

Schriftsteller und Biograph

„Wenn Martin Luther heute lebte, dann säße er hier an meiner Stelle als Angeklagter."

– Julius Streicher,
Gauleiter,
1946 beim Nürnberger Kriegsprozess

„Luther, dies Verhängnis von Mönch, hat die Kirche, und, was tausendmal schlimmer ist, das Christentum wiederhergestellt, im Augenblick, als es unterlag."

— Friedrich Nietzsche

Schriftsteller und Philosoph

„Man fragt sich, warum aus Luthers Tat Folgen entstehen mussten, die genau das Gegenteil von dem waren, was er wollte, und die ihm selbst seine letzten Lebensjahre verdüstert haben und ihm manchmal sogar sein Lebenswerk fraglich werden ließen …
Kierkegaard hat schon vor hundert Jahren gesagt, dass Luther heute das Gegenteil von dem sagen würde, was er damals gesagt hat.
Ich glaube, das ist richtig."

— Dietrich Bonhoeffer

Theologe und Widerstandskämpfer

Zeittafel

Diese Zeittafel erhebt keinen Anspruch auf Vollständigkeit. Sie dient dazu, die in diesem Buch geschilderten Ereignisse zeitlich und biographisch einzuordnen und einige Hintergrundinformationen zu angerissenen Themen zu geben. Auf die Theologie Luthers, auf innertheologische Auseinandersetzungen, auf politische Entwicklungen usw. wird ansonsten nicht weiter eingegangen.

10.11.1483 Martin Luther wird in Eisleben geboren.

1484 Die Familie zieht um nach Mansfeld.

1496–1501 Schulbesuch in Magdeburg und Eisenach.

1501–1505 Luther absolviert in Erfurt zunächst das Studium der sieben freien Künste, das er als Magister abschließt. Darauf beginnt er – auf Wunsch des Vaters – mit dem Jurastudium.

02.07.1505 Während der Rückreise von seinen Eltern nach Erfurt wird Luther bei Stotternheim von einem schweren Gewitter überrascht. In Todesangst gelobt er, Mönch zu werden.

Die Menschen im Mittelalter hatten große Angst davor, plötzlich vom Tod überrascht zu werden. Denn so konnten sie nicht mehr die Beichte ablegen und Buße für ihre Sünden tun und liefen Gefahr, lange Jahre im Fegefeuer verbringen zu müssen oder gar endgültig zur Hölle verdammt zu sein.

17.07.1505 Luther bittet im Kloster der Augustinereremiten in Erfurt um Aufnahme.

1506 Er legt das Mönchsgelübde ab.

1507 Luther wird zum Priester geweiht und beginnt mit dem Theologiestudium.

1508 Luther wird auf Betreiben seines Ordensvikars und Beichtvaters Johann von Staupitz an die Universität Wittenberg versetzt, wo er für kurze Zeit Moralphilosophie lehrt. Parallel dazu setzt er sein Theologiestudium fort.

Lange Jahre wird Luther von einer großen Frage umgetrieben: Wie kriege ich einen gnädigen Gott? Denn einerseits ist in der Bibel die Rede von Gottes großer Güte, andererseits jedoch auch von seinem großen Zorn denjenigen gegenüber, die seine Gebote nicht erfüllen und sündigen. Zwar lehrt die Kirche: Wenn der Mensch alles in seiner Macht Stehende tut, um die Gebote zu erfüllen, wird Gott sich ihm gnädig zuwenden. Aber: Woher weiß ich, ob ich genug getan habe? Kann ich angesichts der Heiligkeit Gottes überhaupt jemals genug tun?

1509 Luther erwirbt den Grad des Baccalaureus der Theologie und wird anschließend nach Erfurt zurückberufen.

1510/11 Gemeinsam mit einem Ordensbruder reist Luther nach Rom. Dort zweifelt er noch nicht an der Lehre und Praxis der Kirche. Er legt die Generalbeichte zur Vergebung seiner Sünden ab und erklimmt auf Knien die »Heilige Treppe« am Lateran, um seine verstorbenen Verwandten aus dem Fegefeuer zu befreien. Dennoch ist er sichtlich befremdet angesichts des Unernstes und Sittenverfalls, die ihm dort begegnen.

1511 Luther wird in das Wittenberger Kloster seines Ordens versetzt.

1512 Luther wird zum Doktor der Theologie promoviert und lehrt von da an als Professor für Bibelauslegung an der Universität Wittenberg.

Unter »Gerechtigkeit Gottes« hat Luther lange Zeit die vergeltende Gerechtigkeit verstanden, mit der Gott den Sünder entsprechend seinen Werken entweder bestraft oder belohnt. Schließlich aber gelangt er durch die Lektüre des Römerbriefs zu der Erkenntnis: Gerechtigkeit ist etwas, das Gott dem Menschen schenkt und das sich der Mensch nicht durch fromme Werke verdienen kann und muss. Alles, was er tun kann und muss, ist, an Gott zu glauben.

31.10.1517 Luther protestiert mit seinen 95 Thesen bei der kirchlichen Obrigkeit gegen die Ablasspraxis des Dominikanermönchs Johann Tetzel. Sie verbreiten sich in Windeseile, und Luther findet sowohl im »einfachen Volk« als auch unter Gelehrten viele Anhänger.

Unter Ablass versteht man einen von der römisch-katholischen Kirche geregelten Gnadenakt, durch den nach ihrer Auffassung zeitliche Sündenstrafen erlassen werden. Um einen Ablass zu gewinnen, muss man in der Regel ein bestimmtes frommes Werk vollbringen. Dabei kann der Gläubige nicht nur für sich selbst, sondern auch für das Seelenheil eines Verstorbenen Ablässe gewinnen. Der Handel mit so genannten Almosenablässen, für deren Gewinnung als Ablasswerk ein Geldbetrag gespendet werden muss, ist der Grund für Luthers Thesenanschlag.

1518 Luther wird in Rom wegen Ketzerei angezeigt. Er erhält eine Vorladung nach Rom, wo man ein Verfahren gegen ihn eröffnet hat. Auf Betreiben von Kurfürst Friedrich dem Weisen wird die Vorladung aus politischen Gründen wieder rückgängig gemacht. Stattdessen wird Luther in Augsburg von Kardinal Cajetan verhört, weigert sich jedoch, seine Thesen zu widerrufen. Der daraufhin drohenden Verhaftung entzieht er sich durch Flucht.

Friedrich III., auch genannt »der Weise«, ist von 1486 bis 1525 Kurfürst von Sachsen. 1502 gründet er die Universität Wittenberg, die sich in der Folgezeit zu einer der bedeutendsten Universitäten entwickelt. Er bemüht sich um politische Reformen, die sowohl auf eine Machtminderung der kaiserlichen Zentralgewalt als auch auf eine Schwächung des geldgierigen Papsttums hinauslaufen sollen. Diese politischen Ziele sind wohl auch der Grund für seine Unterstützung Luthers, nicht dessen theologischen Überlegungen, denn Friedrich ist tief im Katholizismus verwurzelt – so sammelt er z.B. leidenschaftlich Reliquien, die einen Gegenwert von rund 2 Millionen Jahren Ablass haben.

1519 Kaiser Maximilian I. stirbt, und Karl V. wird als sein Nachfolger gewählt. Von nun an benötigt der Papst die politische Unterstützung Friedrichs des Weisen, um die er sich zuvor stets bemüht hatte, nicht mehr und kann im Fall Luther hart vorgehen.

1520 Luther verfasst seine »Reformatorischen Hauptschriften«: »Sermon von den guten Werken«, »An den christlichen Adel deutscher Nation« und »Von der Freiheit eines Christenmenschen«, letztere als Reaktion auf die Bannandrohungsbulle »Exsurge Domine« gegen ihn. Im Dezember schließlich verbrennt Luther die Bulle zusammen mit einigen theologischen Schriften und Büchern des katholischen Kirchenrechts öffentlich vor dem Wittenberger Elstertor.

Ulrich von Hutten (1488-1523) ist Humanist und wird auch als der erste Reichsritter bezeichnet. Aus national-politischen Gründen ruft er zum militärischen Kampf gegen die Kirche, d.h. gegen Rom auf. In dem als Gegner Roms bekannten Luther sieht er einen Mitstreiter zur Durchsetzung seiner politischen Pläne und unterstützt ihn, ohne allerdings Verständnis für Luthers theologisches Anliegen zu haben. Luther distanziert sich schließlich von ihm.

1521 Im Januar wird Luther von der katholischen Kirche gebannt. Im April erfolgt sein Verhör vor dem Reichstag zu Worms. Als Ergebnis zäher Verhandlungen Friedrichs des Weisen darf Luther hier seine Position nochmals darlegen und wird anschließend letztmalig zum Widerruf aufgefordert. Als er sich weigert, wird die Reichsacht über ihn verhängt.

Wer unter der Reichsacht steht, ist vollkommen rechtlos und vogelfrei, d.h. jedermann darf ihn straflos töten. Die Acht erstreckt sich automatisch auch auf Menschen, die dem Geächteten Schutz und Hilfe gewähren.

Auf dem Rückweg nach Wittenberg wird Luther von Soldaten Friedrichs des Weisen entführt und auf der Wartburg in Sicherheit gebracht.

1521/22 Luther hält sich inkognito als »Junker Jörg« auf der Wartburg auf und übersetzt dort das Neue Testament aus der Ursprache Griechisch ins Deutsche. Während Luthers Abwesenheit kommt es in Wittenberg zu Unruhen.

Während es Luther bisher vor allem auf eine Änderung der Gesinnung und der theologischen Lehre angekommen ist, gilt es nun, auch die Praxis zu verändern: Mönche und Nonnen verlassen ihre Klöster, Privatmessen werden abgeschafft, das Abendmahl wird in beiderlei Gestalt, also mit Brot und Wein für alle Gläubigen, gefeiert, Bilder werden gewaltsam aus Kirchen entfernt ... Da die Reformation inzwischen Anhänger mit ganz unterschiedlichen Interessen hat, kommt es zu teilweise gewaltsamen Tumulten. Die Reformation droht in eine Revolution umzuschlagen.

1522 Aufgrund der Unruhen kehrt Luther nach Wittenberg zurück. In Predigten wendet er sich gegen das gewaltsame Durchsetzen von Reformen.
Im September erscheint seine Übersetzung des Neuen Testaments in gedruckter Form.

1523 Neun aus einem Kloster geflohene Nonnen treffen auf Luthers Veranlassung in Wittenberg ein, darunter Katharina von Bora.

1524–26 Großer Bauernkrieg in deutschen Gebieten.

Die Bauern prangern soziale Not, Unterdrückung, Leibeigenschaft und nicht zuletzt Missstände in Kirche und Klerus an. Damit rütteln sie an den Grundfesten der bestehenden Gesellschaftsordnung, gegen die sie gewaltsam vorgehen. Durch Luthers Kritik am Ablasshandel und am Selbstverständnis der Kirche, alleinige Heilsvermittlerin zu sein, die nicht zuletzt durch Luthers Satz »Ein Christenmensch ist ein Herr über alle Dinge und niemandem untertan« und seine deutsche Bibelübersetzung, durch die erstmals breite Bevölkerungsgruppen direkten Zugang zur Heiligen Schrift haben, zum Ausdruck kommt, sehen sich die Bauern in ihrem Vorgehen bestätigt. Allerdings distanziert sich Luther schon früh vom Bauernkrieg: Man muss zwischen Weltlichem und Geistlichem unterscheiden. Trotzdem macht ihn die Obrigkeit für die Geschehnisse im Bauernkrieg verantwortlich, da er sich aus ihrer Sicht lange Zeit nicht eindeutig genug von den Forderungen der Bauern distanziert. Erst nach der Bluttat von Weinsberg schlägt er sich eindeutig auf die Seite der Fürsten und verurteilt die Aufständischen scharf.

Thomas Müntzer ist als Priester glühender Anhänger Luthers. Im Gegensatz zu diesem steht er aber für die gewaltsame Befreiung der Bauern. Wegen seiner radikalen sozialrevolutionären Bestrebungen und seiner spiritualistischen Theologie distanziert Luther sich zu Beginn des Bauernkriegs von Müntzer. In Mühlhausen, wo er Pfarrer ist, versucht er, seine Vorstellungen einer gerechten Gesellschaftsordnung umzusetzen (Aufhebung von Privilegien, Klosterauflösungen, Armenspeisung ...). 1525 wird er gefangen genommen, gefoltert und hingerichtet.

1525 Tod Friedrichs des Weisen. Sein Nachfolger ist Johann der Beständige, der sich aktiv für die Durchsetzung der Reformation einsetzt.
Luther heiratet Katharina von Bora.

Der einstige passionierte Mönch erweist sich als Familienmensch. Hatte Luther seine Käthe eher aus Vernunftgründen als aus Liebe geheiratet, führten die beiden eine von gegenseitigem Respekt und mit der Zeit auch liebevoller Herzlichkeit geprägte Ehe. Die »Lutherin« führt wirtschaftlich klug den großen Haushalt, zu dem neben den eigenen Kindern auch andere Verwandte, Gäste, Obdachlose und Studenten gehören. Bei Tisch unterhält man sich über Gott und die Welt. Einige dieser Gespräche werden von Gästen protokolliert und später als »Tischreden« bekannt. Das Ehepaar Luther und sein Haus werden zum Symbol eines neuen bürgerlichen Christentums.

1529 Luther verfasst den Kleinen und den Großen Katechismus.

Luthers Kleiner und Großer Katechismus sind nur ein Beispiel für das Anliegen der Reformation, auch dem einfachen Volk zu Bildung zu verhelfen. Dieses Ziel verfolgt auch die Bibelübersetzung, die es den Menschen ermöglicht, die Heilige Schrift nicht wie bisher nur in Latein, sondern in der eigenen Sprache zu hören und zu lesen und so eigenverantwortlich über den eigenen Glauben und die Lehre der Kirche zu sprechen und zu urteilen.

1530 Auf dem Reichstag zu Augsburg wird das »Augsburger Bekenntnis«, das grundlegende Bekenntnis des Luthertums, verlesen. Allerdings kommt es hier zu keiner Einigung mit den Katholiken. Da Luther nach wie vor geächtet ist, kann er am Reichstag nicht teilnehmen.

1534 Die erste vollständige Bibelübersetzung Luthers erscheint.

1543 Schrift »Wider die Juden und ihre Lügen«.

Luther lebt in einer Zeit, in der das Christentum im Abendland die vorherrschende Religion ist. Die Kirche hat Einfluss auf sämtliche Lebensbereiche, auf die Politik wie auch auf das Privatleben der Menschen. In dieser Welt werden Juden (wie auch Muslime) diskriminiert; sie dürfen nur bestimmte Berufe ausüben, nur in vorgeschriebenen Stadtteilen leben ... Insofern wäre es falsch, Luther nach heutigen Maßstäben als Antisemiten zu bezeichnen: Seine Haltung gegenüber den Juden ist zeitbedingt und richtet sich nicht gegen das jüdische Volk, sondern gegen die jüdische Religion. Hatte Luther anfangs noch gehofft, die Juden zur »wahren Religion«, eben zum Christentum, bekehren zu können, muss er später verbittert einsehen, dass er damit keinen Erfolg hat. Nun beginnt er, scharf gegen die Juden zu polemisieren.

18.02.1546 Martin Luther stirbt in seiner Geburtsstadt Eisleben.

(Zusammengestellt von Tanja Scheifele, Gütersloher Verlagshaus)

Der Künstler dankt den Bilderwelten von:
Albrecht Dürer, Lucas Cranach d.Ä., Hans Sebald Beham, Hieronymus Bosch, Urs Graf, Joachim Beuckelaer, Daniel Hopfer, Werner Tübke, Martin Schongauer u.a.

Außerdem:
Wittek, Wolfram, Guido, Sebastian, Armin, Alexander Höner, Frau Mayer, Marlen und Tanja.

Der Autor dankt folgenden Quellen:

Albrecht Beutel, Martin Luther, München 1991 (Beck'sche Reihe)
Walther Bienert, Martin Luther und die Juden, Frankfurt am Main 1982 (Evangelisches Verlagswerk)
Peter Fellenberg, Thomas Müntzer – Die Fürstenpredigt, Erfurt 1998 (Desotron Verlag)
Richard Friedenthal, Luther – Sein Leben und seine Zeit, München/Zürich [8]1996 (Piper)
GEO Epoche 39 (2009): Martin Luther und die Reformation
Werner Hofmann/Martin Dierker, Luther und die Folgen für die Kunst, München 1983 (Prestel)
Hanns Lilje, Luther, Reinbek [27]2008 (rororo)
Heiko A. Oberman, Luther – Mensch zwischen Gott und Teufel, Berlin 1982 (Severin und Siedler)
Arnulf Zitelmann, Widerrufen kann ich nicht. Die Lebensgeschichte des Martin Luther, Weinheim/Basel 2004 (Beltz & Gelberg)
Jürgen Krüger/Martin Wallraff, Luthers Rom. Die ewige Stadt in der Renaissance, Darmstadt 2010 (Primus Verlag)

Bibliografische Information der Deutschen Nationalbibliothek
Die Deutsche Nationalbibliothek verzeichnet diese Publikation in der Deutschen Nationalbibliografie; detaillierte bibliografische Daten sind im Internet über https://portal.dnb.de abrufbar.

FSC
www.fsc.org
MIX
Papier aus verantwortungsvollen Quellen
FSC® C005833

Verlagsgruppe Random House FSC® N001967

2. Auflage, 2016

Druck und Einband: Těšínská tiskárna, a.s., Český Těšín
Printed in Czech Republic
ISBN 978-3-579-07054-4

www.gtvh.de